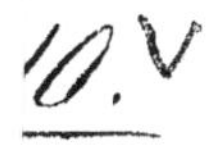

Vente des Vendredi 18 et Samedi 19 Décembre 1868

SALLE N° 9

COLLECTION DE M. B.....

OBJETS D'ART

ET DE

CURIOSITÉ

TABLEAUX MODERNES

Mᵉ CHARLES OUDART

COMMISSAIRE-PRISEUR

Boulevard des Italiens, 26.

M. GUILLAIN

EXPERT

Rue Notre-Dame-de-Lorette, 10.

PARIS — 1868

RENOU & MAULDE

IMPRIMEURS DE LA COMPAGNIE DES COMMISSAIRES-PRISEURS

Rue de Rivoli, 144.

CATALOGUE

DES

OBJETS D'ART

ET DE

CURIOSITÉ

Beaux Panneaux et Médaillons en bois sculpté de l'époque Henri II, Émaux de Limoges. Ivoires anciens, Bronzes, Cartel, Lustre, Flambeaux, Bronzes chinois, Porcelaines de Saxe, Sèvres et autres, Faïences italiennes, très-beaux Meubles de l'époque Louis XIII, Tables, Cabinets, Glaces, grand Meuble milanais à deux corps, Objets de vitrine. Montres Louis XIII et Louis XVI, Objets en cristal de roche, Jade, Malachite, Agate, Objets d'orfévrerie, Coffrets ornés d'émaux, Statuettes, Boîtes et Tabatières, Cires, Terres-Cuites, petits Bronzes, Armes orientales, très-riche Fusil de Devisme.

TABLEAUX MODERNES

ŒUVRES DE :

Berchère, Brissot, Choigneau, Dreux-Dorcy, Fichel, Fauvelet, Gudin Hue, Ch. Jacque, d'Orschwiller, J. Ouvrié, Veyrassat

Composant la Collection de M. B.....

DONT LA VENTE AURA LIEU

HOTEL DROUOT, SALLE N° 9

Les Vendredi 18 et Samedi 19 Décembre 1868

Par le ministère de M⁰ **CHARLES OUDART**, Commissaire-Priseur, Boulevard des Italiens, 26,

Assisté de M. **GUILLAIN**, Expert, rue Notre-Dame-de-Lorette, 10,

Chez lesquels se distribue le présent Catalogue

EXPOSITIONS

PARTICULIÉRE : le Mercredi 16 Décembre 1868
PUBLIQUE : le Jeudi 17 Décembre 1868

PARIS — 1868

CONDITIONS DE LA VENTE

Elle sera faite au comptant.

Les Acquéreurs paieront CINQ POUR CENT en sus des enchères.

L'Exposition mettant le public à même de se rendre compte de l'état des Objets, il ne sera admis aucune réclamation une fois l'adjudication prononcée.

En présence du détail si modeste et si sobre qui nous a été donné de ce ravissant cabinet, nous avions pensé faire un Catalogue pompeux, dont le détail serait assurément resté au-dessous des qualités de l'ensemble. Notre embarras était d'autant plus sérieux que le propriétaire, dont les goûts et l'appréciation sont excessivement distingués, ne nous remettait pour toutes ses séries qu'une appellation restreinte à ce point qu'en la lisant on ne pouvait que toucher simplement l'objet défini.

Mais si ce système de réserve et de modestie extrême, dans la coloration d'un choix si remarquable à tous égards, doit en faire le plus grand éloge, nous ne nous en croyons pas moins obligé d'insister sur la supériorité du choix que comporte une si élégante réunion.

En effet, ici pas de lésineries, pas de ces entraînements déterminés par la faiblesse et le bon marché des objets. Le goût pur et éclairé, puis le désir de posséder, ont seuls présidé à la formation de ce que je voudrais appeler une bonbonnière d'objets ravissants; ravissants comme formes, comme proportions, comme goût, comme époques, comme choix, comme matières. Est-il besoin de dire que le plus faible espace pourrait facilement contenir le tout?

Est-il besoin de signaler une charmante suite des plus gracieuses pages de nos peintres modernes; des buis en grand nombre, de l'époque Henri II; des émaux d'une pureté, d'une facture, d'un goût et d'un éclat splendides; des armes d'un caractère et d'un art merveilleux, des montres hors ligne, des bijoux, des miniatures et des petits meubles d'une conservation admirable; des faïences et des porcelaines d'un choix exceptionnel et dont les plus riches collections seraient fières; enfin une suite variée d'objets en tout genre.

Nous comptons donc sur le concours de Messieurs les Amateurs, qui ne manqueront pas de venir puiser à une source aussi pure les éléments de ces jouissances si recherchées que donnent les collections de premier ordre.

GUILLAIN.

DÉSIGNATION

BOIS SCULPTÉS

(BUIS)

1 — Deux beaux Panneaux en bois sculpté représentant l'*Adoration des Mages* et la *Nativité*.

2 — Panneau de l'époque de Henri II représentant une *Chasse*.

3 — Panneau id. représentant un *Sacrifice*.

4 — id. id. une *Taverne Flamande*.

5 — id. id. *Adam et Eve*.

6 — id. id. l'*Apparition de la Vierge*.

7 — id. id. la *Circoncision*.

8 — id. id. *le Retour de l'Enfant prodigue*.

9 — id. id. le *Berger-Paris*.

10 — Deux Médaillons représentant deux *Figures*, fin Renaissance.

11 — Panneau représentant le *Baptème d'une Sauvage*.

12 — Gourde finement sculptée, sujet de chasse.

13 — Statuette de Femme en buis, par *François Flamand*.

14 — Autre Statuette de Femme en buis, très-richement drapée.

15 — Trois Pièces de jeu d'échecs.

16 — Deux petites Pièces, figurines équestres de la Renaissance.

17 — Trois Figurines.

18 — Figurine représentant un *Soldat Romain* recouvert d'une armure et au repos.

19 — Diptyque orné de pierreries.

20 — Figure d'Enfant.

20 *bis.* — Figurine de Femme debout, d'une exécution remarquable, provenant du Cabinet de Bruges.

MEUBLES

21 — Table de l'époque Louis XIII, en marqueterie d'écaille et de bois.

22 — Cabinet époque Louis XIII, en marqueterie de bois et d'ivoire.

23 — Cabinet en bois noir, avec peinture de Paul BRILL, à l'intérieur.

24 — Commode en marqueterie de bois orné de cuivres dorés.

25 — Huche ou bahut pour le pain, en bois sculpté avec panneaux des plus remarquables.

26 — Cabinet en laque de CHINE avec incrustations d'ivoire à l'intérieur.

27 — Toilette en marqueterie de bois ornée de bronzes dorés.

28 — Table à jeu, même travail.

29 — Meuble Milanais à deux corps ; le haut formant Bibliothèque et le bas bureau ; le tout surmonté d'un fronton élégant, qui, avec la riche ordonnance des incrustations d'ivoire à figures et arabesques, en font une pièce d'ameublement de premier ordre. Collection d'un amateur distingué de Florence.

30 — Glace biseautée.

PORCELAINES ET FAÏENCES

31 — Groupe en vieux SAXE, représentant le *Mariage de Figaro*.

32 — Groupe   id.   id.   la *Belle Louise*.

33 — Statuette de Femme en vieux SAXE.

34 — Figurine   id.

35 — Cabaret en vieux SAXE complet, avec six Tasses.

36 — Deux plaques en vieux SAXE, représentant des scènes d'après TENIERS.

37 — Compotier en porcelaine de SAXE.

38 — Deux Tasses et leurs Soucoupes en porcelaine de SAXE.

39 — Deux autres   id.   id.

40 — Petit Pot,   id.

41 — Petite Sonnette   id.

42 — Deux Supports   id.

43 — Deux Statuettes en porcelaine de DOXIA.

44 — Cabaret en porcelaine de DOXIA, composé de six Tasses et Soucoupes, une Théière et un Sucrier.

45 — Petit Plateau, décoré de fleurs en porcelaine de DOXIA.

46 — Tasse et sa Soucoupe en porcelaine de vieux SÈVRES, pâte tendre.

47 — Légumier et son Plateau en porcelaine tendre d'ancien WORCESTER du plus séduisant décor.

48 — Aiguière et sa Cuvette forme coquille en porcelaine de CHINE.

49 — Autre Aiguière et sa Cuvette, ornée d'armoiries, en porcelaine de CHINE de la famille Verte. *Pièce rare.*

50 — Plaque en porcelaine de CHINE de la famille Verte présentant un *Combat.* (Tour de Nankin.)

51 — Petit Pot en porcelaine de CHINE, bleu turquoise.

52 — Théière en ancienne porcelaine de CHINE.

53 — Deux Vases en porcelaine de CHINE.

54 — Plat décoré du *Dragon Impérial.* — Disposition rare, il est à reflets métalliques.

55 — Deux Lampes en vieux CHINE.

56 — Deux Plats armoriés en porcelaine de CHINE.

57 — Deux Légumières en porcelaine de CHINE.

58 — Deux Assiettes ou Compotiers   id.

59 — Petite Soucoupe   id.

60 — Belle Veilleuse, Kien-Long, d'un décor merveilleux, en porcelaine de CHINE.

61 — Bol en porcelaine de SATSZUMA.

62 — Assiette en porcelaine de NIDERVILLERS.

----

63 — Plat en ancienne faïence d'URBINO, de XANTO.

64 — Plat   id.   décoré d'arabesques et de godrons ; au centre une figure debout d'un faire remarquable.

65 — Petite coupe   id.   *Enlèvement d'Europe.*

66 — Flambeaux   id.   à figures. — *Peinture d'Horatio Fontana.*

67 — Grand Vase   id.   et de forme ovoïde.

68 — Plat   id.

69 — Deux Plats   id.

70 — Belle Plaque en ancienne faïence de CASTELLI, représentant la *Descente de Croix.*

71 — Trois petites Coupes en ancienne faïence de CASTELLI.

72 — Vase en faïence italienne à reflets métalliques. *Fabrique de Pesaro.*

73 — Assiette   id.   avec armoiries.

74 — Deux Aiguières id.   décorées d'arabesques, avec ravissantes figures sur le plat des anses.

75 à 78 Quatre Assiettes en faïence de MARSEILLE et STRASBOURG.

79 — Plat en faïence de ROUEN.

80 — Deux Vases à fleurs de ROUEN.

81 — Plat en faïence de MOUSTIERS.

82 — Aiguière en faïence de NEVERS. (Anse torse et formée des plus élégantes.)

83 — Porte-Bouquets en faïence de DELFT.

84 — Deux petits Pots azurés en faïence de NEVERS.

85 — Plat de *Bernard Palissy*.

86 — Plat moderne, imitation de *Bernard Palissy*, par PULL.

ÉMAUX

87 — Douze Émaux, représentant des *Saints*.

88 — Email représentant une *Descente de Croix*.

89 —   id.   la *Création du Monde*.

90 — *Rencontre de la Vierge et de sainte Élisabeth*.

91 — Email italien. *Une Pietà en Venise de la Renaissance*.

92 — Email sur or, à double face, avec sujet représentant *Mars* et *Vénus*.

93 — Autre Email sur or, *de Mailly*. Cabinet Roux de Tours.

94 — Email avec cadre doré, représentant *Saint-Jean*.

95 — Email avec armoiries, riche bordure en argent dans le style du moyen âge.

96 — Autre Email représentant *Saint-Simon*.

97 — Deux Emaux très-fins représentant *Hélène* et *Mé-nélas*. (Ces deux spécimens de l'émaillerie de la Renaissance ne laissent rien à désirer sous le rapport de l'exécution.)

98 — Email représentant l'un des *Travaux d'Hercule*.

IVOIRES

99 — Médaillon représentant la *Conquête de la Toison-d'or*, dans son cadre Louis XV en argent et bronze doré.

100 — Médaillon représentant un *Faune blessé*.

101 —   Id.   id.   *David vainqueur de Goliath.*

102 —   Id.   id.   un *portrait de Femme* finement sculpté.

103 —   Id.   id.   *un portrait*, époque Louis XIII.

104 —   Id.   id.   la *Nativité*, avec bordure en argent ciselé.

105 — Bas-Relief représentant un *Départ pour la Chasse.*

106 —   Id.   id.   un *Sacrifice à Priape.*

107 —   Id.   id.   une *Scène Flamande.*

108 —   Id.   id.   *Madeleine repentante.*

109 —   Id.   id.   *Combat de Chiens.*

110 — Petit Buste sur pied en écaille.

111 — Statuette représentant un *Evêque.*

112 — Deux Statuettes représentant des *Femmes*. (Sujets allégoriques.)

113 — Deux id.   id.   des *Personnages allégoriques.*

114 — Deux id.   id.   la *Lecture* et le *Dessin*.

115 — Deux id.   id.   des *Personnages allégoriques*, sur pied en marbre.

115 *bis* — Deux Statuettes représentant la *Fécondité*, travail de la Renaissance.

116 — Groupe représentant *Héloïse et Abeilard*.

117 —   Id.   id.   un *Martyre*.

118 — Trois Médaillons, *Têtes d'hommes*.

119 — Cuiller, époque Renaissance.

120 — Deux Couteaux avec manches en ivoire.

121 — Couteau et Fourchette, époque Renaissance.

122 — Boîte ronde, avec sujet représentant la *Continence de Scipion*.

123 — Deux Boîtes de forme hexagonale, avec montures en argent.

MINIATURES

124 — Portrait de Femme par Augustin.

125 — Portrait de Madame de Lamballe par Huet.

126 — Portrait d'Homme sur argent.

127 — Portrait de Louis XIV, sur cuivre.

128 — Portrait d'une Impératrice de Russie.

129 — Paysage par Savignac, avec bordure très-richement sculptée.

130-131 — Portrait, dans sa bordure en bois sculpté.

132 — Portrait d'Homme, avec cadre Louis XVI, émaillé.

133 — Portrait d'une Reine de Naples par Dun; elle est enrichie d'une bordure en or ciselé et renfermée dans son écrin.

134 — Portrait de Madame Dacier, par Charlier.

135 — Portrait de jeune Femme   id.

136 — La Pluie d'or, grisaille par Klingstedt.

137 — L'Amour fouetté, par Prudhon.

138 — Portrait de Femme.

139 — Jeune Fille d'après Greuze.

140 —   Id.   inconnu.

141 — Femme couchée.

142 — Portrait de jeune Femme.

143 — Henri IV chez la Michaud, médaillon en vernis Martin.

144 — Sacrifice à Priape.

ARMES

145 — Carabine du Monténégro avec riches incrustations.

146 —   Id.   italienne de la Renaissance, très-finement ciselée.

147 — Pistolet en argent, damasquiné d'or, fabrique ancienne de Circassie.

148 —   Deux   Id.   ciselés et damasquinés d'argent.

149 — Poudrière persane en cuivre gravé, avec reliefs en
argent.

150 —   Id.   id   en corne.

151 — Petit Poignard oriental enrichi de pierreries (gaîne
et manche en argent niellé).

152 — Poignard oriental de DAMAS, damasquiné d'or.

53 —   Id.   italien, damasquiné d'argent.

154 — Plastron de cheval en fer repoussé.

155 — Deuv Epées incrustées d'or.

156 — Autre Epée en fer découpé.

157 — Autre Épée en cuivre.

158 — Couteau chinois.

159 — Epée avec manche en ivoire.

160 — Couteau flamand de forme très-curieuse.

161 — Main gauche en fer repoussé.

162 — Dague avec lame à double gorge et repercée à jour.

163 — Fusil de DEVISME, admirablement ciselé, avec
parties dorées en relief (pièce très-remarquable).

OBJETS DIVERS

164 — Bas-relief en bronze de style antique, représentant
l'*Apothéose de César*.

165 — Petit Lustre et deux Appliques en bronze argenté
et doré.

166 — Flambeaux en bronze doré.

167 — Groupe en bronze, *Hercule précipitant Lycas dans la mer*.

168 — Deux Flambeaux en bronze florentin.

169 — Cartel en bronze doré d'une ciselure très-fine.

170 — Petite horloge en forme de lyre, enrichie sur plaque d'argent finement ciselée et découpée à jour, de figurines et de mascarons en bronze, d'une exécution très-soignée.

171 — Brûle-Parfum chinois en bronze doré avec son support en bois.

172 — Coffret orné de très-beaux émaux.

173 — Coffret de la Renaissance avec intérieur en argent ciselé, orné d'une miniature.

174 Brûle-Parfum en porcelaine de SÈVRES bleue, montée en bronze doré.

175 — Glace biseautée de VENISE, avec cadre en argent gravé et repoussé.

176 — Autre Glace, avec cadre en argent repoussé d'un très-riche travail.

177 — Ancien verre de Venise.

178 —   Id.   à deux anses, avec surface jaspée et aventurinée.

179 —   Id.

180 —   Id.

181 —   Id.

182 —   Id.

183 — Verre de VENISE gravé.

184 — Aiguière en verre de VENISE.

185 — Coupe en verre de VENISE, gravée.

185 — Deux Terres cuites de FRATIN.

187 — Petit Médaillon en terre cuite.

188 — Figurine italienne en ronde bosse et en cire, exé-
cutée avec un fini remarquable.

189 — Vierge italienne debout dans une bordure d'ébène
sculpté en forme de portique. Elle est en corail et
du travail le plus précieux.

190 — Statuette en argent représentant un *guerrier*.

191 — Statuette en argent, ornée de pierreries.

192 — Statuette en argent représentant la *Fortune*.

193 — Deux petits Bas-Reliefs en argent repoussé de la
Renaissance.

194 — Petit Cadre en filigrane.

195 — Cuiller en argent doré.

196 — Huit petits Bas-Reliefs en argent doré, représentant des Saints, travail italien.

197 — Serrure de Coffret de la Renaissance, en cuivre
doré et découpé à jour.

198 — Petit Cuivre repoussé, *scène flamande*.

199 — Jolie Statuette en bronze, par *Moulin*; personnage
debout présentant d'un air satisfait une figurine antique trouvée à POMPÉI.

200 — Cadre en cuivre.

201 — Cadre en cuivre, émaillé, renfermant un bois

202 — Brûle-Parfum en vieux laque.

203 — Boîte en vieux laque, à sujets très-fins.

204 — Id.   id.   forme coquille.

205 — Petite Coupe carrée en laque burgautée.

206 — Petit Plateau chinois à reflets métalliques.

207 — Petit Plateau chinois en cuivre.

208 — Plaque en jade, dans son cadre en bois incrusté d'argent.

209 — Boîte en jade taillé et gravé.

210 — Deux petites Coupes en jade.

211 — Petite Théière en bronze chinois.

212 — Jolie Statuette chinoise.

213 — Flacon en cristal de Roche.

214 — Coupe en cristal de Roche, avec monture en or émaillé, travail italien.

215 — Coupe en malachite, gravée, représentant une *feuille*.

216 — Petit Vase turquoise, veiné d'or.

217 — Petite Boîte en agate avec fleurs en relief, monture en argent doré.

218 — Petite Boîte en agate, monture en argent.

219 — Coupe en agate avec monture italienne en argent doré, ornée de pierreries.

220 — Petit Médaillon en turquoise, monture en argent.

221 — Petit Flacon monté en argent doré.

222 — Deux Porte-Flacons en argent découpé, de la Renaissance.

223 — Etui en argent repoussé.

224 — Presse-Papier supportant un Chinois, en or repoussé. Très-beau Travail de l'époque de Louis XIV.

225 — Médaillon en émail sur or, représentant *Louis XIV*.

226 — Boîte à mouches en argent doré et ciselé.

227 — Tabatière armoriée en émail et montée en argent doré.

228 — Bague en or avec chaton, formée par un camée représentant une *figure*

229 — Deux Coquetiers émaillés. époque Louis XV. monture en argent découpé.

230 — Deux petits Couteaux de voyage montés en buis et argent.

231 — Petit Verre de BOHÉME gravé.

232 — Joli Bas-Relief en marbre, d'après PRUDHON.

233 — Tabatière en faïence ancienne de CASTELLI, monture en argent doré.

234 — Montre de l'époque Henri II, en cuivre finement ciselé.

235 — Montre Louis XVI en or.

236 —   Id.   id.

237 —   Id.   id.

238 —   Id.   id.

239 — Montre émailée à l'intérieur et à l'extérieur, cadran également émaillé, sujets pastoraux et paysages, signée des deux frères HUANT.

240 — Montre émaillée, avec sujet représentant le *Jugement de Pâris*.

241 — Montre en or repoussé, avec figures.

TABLEAUX MODERNES

242 — BERCHÈRE. Intérieur de Cour (Orient).

243 — BESNARD. Chevaux dans une cour de ferme.

244 —   Id.   La Vendange.

245 — BLUM. La Dépêche.

246 — BRISSOT. Vaches et Moutons.

247 — CHAIGNEAU. Moutons paissant.

248 —   Id   Berger gardant son troupeau.

249 — CHAIGNEAU. Soleil couchant.

250 —   Id.   Les gorges de Franchart.

251 — CULVERHOUSE. Personnages de l'époque de Louis XIII.

2 2 — DREUX-DORCY. Tête de jeune fille.

253 —   Id.   Id.

254 — D'ORSCHVILLER. Singes et chiens.

255 — FAUVELET. Buveur.

256 —   Id.   Scène d'Intérieur.

257 — FICHEL. Intérieur d'atelier.

258 — GITTARD. Paysage.

259 — GOZE. Femme richement costumée, époque Louis XIV.

260 — GUDIN. Marine.

261 — HERSON. Départ pour la chasse, avec personnages de Diaz.

262 — HERSON. Une rue de Vitré.

263 — HUE. Jeune fille en costume Louis XV.

264 — Ch. JACQUE. Brebis et agneaux.

265 — LAFENESTRE. Agneaux et moutons.

266 —   Id.   Intérieur de bergerie.

267 — LEBEL. Pifferari.

268 — PECRUS. Femme tenant un livre.

269 — DE ROYOU. Une Rue de Madrid.

270 — VEYRASSAT. Enfant conduisant une charette attelée d'un âne.

TABLEAUX ANCIENS

271 — BERGHEM. Figures et animaux.

272 — CHARPENTIER. Scène d'Intérieur.

272 *bis* — Id.   Id.

273 — MICHAUD. Halte de Cavaliers devant une Hôtellerie.

274 — SCALLKEN. Le Jour de Barbe.

275 — Tableau sur bois : *Richesse et Misère*.

276 — MICHAUD. Sujet maritime.

AQUARELLES ET DESSINS

277 — DAVID. Trois aquarelles.

278 — ROBEN. Retour du bal masqué.

279 — CHARLES JACQUES. Poulailler.

280 — LEBEL. Pifferari.

281 — JUSTIN OUVRIÉ. Vue d'Amsterdam.

282 — VEYRASSAT. Coucher de Soleil.

283 — GROS. Personnage dans le goût de Meissonnier.

284 — GUERRY. Retraite de Russie.

285 —   —   Le Camp de Saint-Maur.

286 — GAY. Église d'Espagne.

287 — FRAGONARD. Page et Châtelaine.

288 — Aquarelle d'après le Titien.

289 — HABERT. Cinq petits Paysages.

290 — LAWRENCE. Deux aquatintes.

291 — DEBUCOURT. Les Deux Baisers.

292 — HENRI PILLE. Dessin à la plume.

293 — Deux Dessins (l'Aumône) à la sépia, par *Justin Ouvrié*.

294 — PAUL HACHET. Cheval au Pré.

295 — RIVA. Dessin à la plume.

296 — Sous ce Numéro, les objets omis.

RENOU et MAULDE, Imprimeurs de la Compagnie des Commissaires-Priseurs,
rue de Rivoli, 144.   10941

www.ingramcontent.com/pod-product-compliance
Lightning Source LLC
LaVergne TN
LVHW011004180726
843502LV00007B/2322